L b 43 ~~406~~
752

CÉRÉMONIES

OBSERVÉES A REIMS

AU PASSAGE DE BONAPARTE,

PREMIER CONSUL DE LA RÉPUBLIQUE FRANÇAISE,

ET

DESCRIPTION DES FÊTES

QUI LUI ONT ÉTÉ DONNÉES

PAR LES HABITANS ET LE COMMERCE

DE CETTE VILLE,

Le 22 Thermidor an XI de la République.

A REIMS,

Chez LE BATARD, Imprimeur-Libraire de la Mairie, rue Nationale, N.º 4.

CÉRÉMONIES
OBSERVÉES A REIMS

AU PASSAGE DE BONAPARTE,

PREMIER CONSUL DE LA RÉPUBLIQUE FRANÇAISE,

ET

DESCRIPTION DES FÊTES

QUI LUI ONT ÉTÉ DONNÉES

Par les HABITANS et le COMMERCE de cette Ville, le 22 Thermidor an XI de la République.

⁕⁕⁕⁕⁕⁕⁕⁕⁕

Aussi-tôt que le voyage du PREMIER CONSUL dans les Départemens réunis fut arrêté et rendu public, la Ville de Reims, de tout temps distinguée par son attachement pour les Chefs de l'Etat, conçut l'espoir de le posséder dans ses murs. Elle fit présenter au PREMIER CONSUL une Adresse qui lui en exprimoit le vœu : elle étoit dans l'attente de son accomplissement, lorsque le Préfet du Département lui annonça, le 10 de ce mois, l'arrivée prochaine du PREMIER CONSUL. Cette nouvelle, proclamée par toute la Ville, y répandit une joie inexprimable : mais ce sentiment fit place à la plus profonde consternation, lorsque le 18 un avis contraire parvint à la Mairie.

Aussi-tôt une députation composée de MM. ASSY-VILLAIN, Adjoint, faisant les fonctions de Maire, MOREAU, Président du Tribunal civil, PONSARDIN, Président du Tribunal de Commerce, et JOBERT, Négociant, se rendit près du PREMIER CONSUL à Mézières, où il venoit d'arriver, pour l'engager à suivre les premières dispositions de son itinéraire, et à passer par Reims où il étoit appelé par les vœux de tous les Citoyens.

MM. les Députés eurent la satisfaction d'obtenir un succès complet. Dans l'impatience de leur retour, le peuple s'étoit porté en foule à la place de l'Hôtel-de-Ville. A leur arrivée, le seul mot, *NOUS L'AURONS*, les fit accueillir avec les démonstrations de la joie la plus vive : tous les bras leur furent ouverts, et les cœurs reprirent leurs premiers transports. Les préparatifs de la Fête furent poussés avec une incroyable célérité : les Commissions établies pour en surveiller les différentes parties y apportèrent le plus grand zèle, et tout se trouva prêt pour le jour fixé pour l'arrivée. Comme l'heure en étoit incertaine, il fut convenu que dès que le Cortège pourroit être apperçu, à quelque distance que ce fût, le son de la cloche de la principale Église donneroit le signal pour la réunion, à l'Hôtel-de-Ville, de tous les Corps qui devoient aller à la rencontre du PREMIER CONSUL.

Cependant le Préfet, le Secrétaire général, les Conseillers de Préfecture et le Sous-Préfet de l'Arrondissement, s'étoient portés à Isle, première Commune du Département de la Marne, pour y recevoir et complimenter le Chef de l'Etat. Là, on avoit élevé un Arc de triomphe pour marquer l'entrée du territoire du Département : les Habitans de toutes les Communes voisines de la route en avoient dressé sur toute sa longueur, à deux cents toises de distance les uns des autres. Des Portiques multipliés ornés de guirlandes et de festons, chargés d'Emblêmes et d'Inscriptions, une Illumination serrée dont l'épaisseur des ténèbres augmentoit l'éclat, un peuple immense formant des deux côtés une haie non interrompue, les acclamations, les cris de *VIVE BONAPARTE!* telle fut l'avenue qui, sur la longueur de quatre lieues, le conduisit à l'entrée du territoire de notre Arrondissement.

Vers le milieu de la nuit, la cloche donna le signal attendu avec tant d'impatience ; tout le monde étoit debout : la Ville est illuminée en un instant. Les Membres de la Mairie et du Conseil municipal, les Autorités civiles et militaires se trouvent réunis : le Cortège se met en marche, précédé d'une Garde composée de l'élite de la Jeunesse Rémoise : ses mouvemens, l'élégance de son uniforme, la vivacité de son ardeur, la distinguoient. Cette Garde, commandée par le Général VALENCE, étoit destinée pour la personne du PREMIER CONSUL pendant son séjour dans nos murs.

On arrive vers trois heures à l'extrémité du Fauxbourg de Cérès, où étoit élevé un Arc de triomphe, dont les décorations, assorties au local, se faisoient remarquer par le goût qui en avoit dirigé l'exécution : des chiffres en fleurs, des guirlandes, des rameaux et autres ornemens champêtres, en avoient fait les frais. Au-dessus de l'archivolte de la principale arcade, dans un cartouche embrassé par des branches de chêne et de peuplier artistement entrelacées, on lisoit :

NAPOLEONI BONAPARTE

PRIMO CONSULI

EX AMORE POPULI PRECIBUS-QUE,

REMOS ADEUNTI.

21 THERM. ANNO REIPUB. XI.

Et plus bas.... *POPULI VOX UNA, VENI.*

Deux Médaillons, suspendus par des guirlandes, couvroient le tiers des pilastres. L'un représentoit un Guerrier armé s'avançant sur une route bordée de trophées militaires : on appercevoit dans le lointain, derrière le Héros, des arcs de triomphe, des pyramides et autres monumens de victoires, avec ces mots :

Viam insistit cuncta domando.

INSCRIPTION.

En tous lieux sur ses pas on voit voler la gloire ;
Tout cède à ses efforts vainqueurs :
Et par une constante et plus douce victoire,
Il triomphe de tous les cœurs.

L'autre présentoit un Génie planant, une main étendue au-dessus du globe, et de l'autre indiquant le ciel ; avec ces mots :

Imperium terris, animos æquat Olympo.

Des Nations son bras victorieux
Assure à ses destins l'empire de la terre :
Et les hautes vertus qui marquent sa carrière,
Lui donnent place au rang des Dieux.

⊹⊹⊹

Un peuple immense se précipite et se presse de chaque côté de la route : la joie brille sur tous les visages ; ses éclats semblent animer celui des lumières qui répandent au milieu de la nuit une clarté qui le disputeroit à celle du midi ; une vive impatience peint l'ardeur du sentiment qui s'est emparé de tous les cœurs.

Les Autorités occupent la gauche en avant de l'Arc de triomphe ; une musique nombreuse est en face ; la Garde d'honneur se porte à la tête : le 16.e Régiment de cavalerie se partage et prend position pour ouvrir et fermer la marche ; la Gendarmerie sur chaque côté contient la foule empressée : la route est libre.

Cependant les Couriers se succèdent ; plusieurs voitures passent avec la même rapidité. L'une d'elles s'arrête ; le Préfet de la Marne et les Fonctionnaires qui l'avoient accompagné, en descendent, prennent la droite du Maire, en annonçant l'arrivée immédiate : on touche au moment désiré ; les regards avides se portent tous vers l'endroit le plus éloigné auquel ils puissent atteindre ; les cœurs palpitent ; on touche à l'instant fortuné ; des acclamations se font entendre ; elles redoublent... nos vœux sont accomplis......

Le Héros de la France s'arrête : le Maire s'avance, lui exprime, dans une courte harangue, les sentimens d'amour, de reconnoissance et d'admiration dont tous les Citoyens sont pénétrés ; lui fait hommage des Clefs de la Ville, et lui présente la Garde d'honneur : le PREMIER CONSUL répond avec bonté, prend les Clefs, les remet en ses mains dont il exalte la fidélité, et agrée la Garde d'honneur qui prend poste sur le champ. La marche continue lentement ; le Cortège accompagne en bon ordre ; l'alégresse est au comble : les cris de *VIVE BONAPARTE !* retentissent de toutes parts, et l'accompagnent jusqu'à la maison fortunée devenue le Palais consulaire. Quel spectacle aussi ravissant a jamais couronné les vertus héroïques d'un Triomphateur !

La Porte de Cérès, par laquelle il a fait son entrée, étoit simplement ornée, pour ne pas masquer le travail de la grille qui s'étend jusqu'aux deux massifs qui bornent le passage. Les pilastres qui en retiennent la poussée et assurent l'aplomb de la grille, étoient surmontés de deux superbes lauriers dont les rameaux, en se courbant, sembloient chercher le front du Triomphateur. Leurs faces, du côté de la Campagne, portoient, suspendus à des festons, les Emblêmes et les Inscriptions dont elles étoient couvertes.

PREMIER EMBLÊME.

Un Médaillon à droite présentoit un Génie, la tête couverte d'un casque, un carquois plein pend à son côté, il tient de la main droite une flèche, et de l'autre indique la perfide Albion vers laquelle son vol se dirige. Il laisse sur le rivage le Génie de la France, qui le suit de l'œil avec les démonstrations du plus tendre attachement.

Mots de la Devise. *Tot tela, tot ictus.*

INSCRIPTION.

Chaque trait enfermé dans mon Carquois vainqueur,
Se change, quand il part, en un rayon de gloire :
Quelque attrait qu'ait pour moi l'éclat d'une victoire,
Je suis bien plus jaloux d'assurer ton bonheur.

DEUXIÈME EMBLÊME.

Pour figurer l'attachement de Madame BONAPARTE à l'illustre Époux qui trouve, dans le charme de sa société, le délassement de ses travaux et l'oubli de ses fatigues, on a peint, sur le Médaillon à gauche, un Amour attachant des roses à toutes les branches d'un laurier.

Mots de la Devise. *Quàm benè, quàm diu.*

INSCRIPTION.

Des rigueurs de l'hiver, des ardeurs de l'été,
Roses, ne craignez plus les mortelles atteintes :
Le glorieux Laurier auquel vous êtes jointes,
Vous fera partager son immortalité.

Sur les faces du côté de la Ville.

TROISIÈME EMBLÊME.

Un Léopard occupé avec acharnement à déraciner un olivier. Un trait de foudre part du sein d'un nuage épais, et paroît dirigé sur le Léopard, avec ces mots : *Sacrilego infringit ungue.*

INSCRIPTION.

Sur l'Arbre de Minerve en tous lieux respecté,
Un farouche Animal porte sa griffe impie :
Qu'il tremble, le trait part : Jupiter irrité
Venge à la fois sa Fille et rend l'Arbre à la vie.

QUATRIÈME EMBLÊME.

Pour exprimer le dévouement du Consul à la chose publique, et son infatigable activité, on a peint un Castor tenant embrassée une pièce de bois, qui doit être employée à la construction des cabanes que la société se pratique dans l'eau.

Mots de la Devise. . . *Nil mihi.*

INSCRIPTION.

Des dons qui par le Ciel m'ont été départis,
Mon bonheur est de faire un généreux usage :
Tous mes soins, mes travaux au plaisir sont unis
Quand je les vois servir au commun avantage.

A la Porte d'entrée du Palais, deux Tableaux de huit pieds de hauteur représentoient, l'un la France contemplant le portrait du PREMIER CONSUL. Sur le socle on lisoit :

De ce Héros, ma gloire et mon appui,
Avec fierté je contemple l'image ;
J'y vois empreints les vertus, le courage,
Et la sérénité que l'on admire en lui.

Sur

Sur l'autre on a peint la Nymphe de la Vesle, adressant à ses Naïades les vers qui suivent :

>Naïades qui bordez mes rives gracieuses,
>Aux Nymphes de la Seine osez vous égaler;
>Mes eaux sont aussi glorieuses,
>BONAPARTE les voit couler.

Dans une des Salles du Palais, on avoit placé un portrait très-ressemblant du CONSUL : au bas, on lisoit les vers suivans qui sont un tableau, très-ressemblant aussi, d'une partie des obstacles qui ont traversé ses expéditions militaires, et de la rapidité de ses conquêtes. Le plaisir qu'on éprouve en les lisant, nous dispense d'en faire l'éloge; mais ce que nous devons publier, c'est qu'ils sont de M. PONSARDIN père, Propriétaire de la Maison érigée en Palais. Ni son âge, ni les nombreux détails de son Commerce et de ses Manufactures, n'ont interrompu son Commerce avec les Muses : on voit qu'il en est encore favorisé.

>*Corsica me genuit, nunc Gallia me tenet audax.*
>*Italiam domui, currens per tela, per ignes.*
>*Me Syrius, me sensit Afer, me territus Orbis.*
>*Et Maria et Montes rapidus, seu fulguris instar,*
>*Omnia transivi Victor. Nec Saxa, nec Amnes,*
>*Nec me Hiemes atræ, Glacies, nec Sirius ardor,*
>*Nec tenuere Viri, nec prælia. . . . Cuncta subegi.*
>*Perpetuæ cingunt merito mihi tempora lauri.*
>*Alma Themis rediit, Discordia fœda recessit.*
>*Quid superest? et fata dabunt, domitare Britannos.*

Il étoit trois heures et demie lorsque le CONSUL est entré dans son Palais. La Garde d'honneur à pied occupoit le Vestibule au bas du grand escalier; elle avoit pour Officiers MM. MENNESSON.-WILS et COHENDET : il témoigna qu'il étoit satisfait de la bonne tenue de cette Compagnie.

A neuf heures, le Préfet du Palais fit avertir les différentes Autorités que l'Audience du Consul s'ouvriroit à une heure. Elles y furent admises dans l'ordre prescrit par le Préfet du Palais.

M. Bourgeois Jessaint, Préfet de la Marne.
Le Secrétaire-général.
Les Conseillers de Préfecture.
M. Leroy, Sous-Préfet de Reims et le Conseil d'Arrondissement.
Les Sous-Préfets de Vitry, Epernay et Sainte-Manehould.
Une Députation du Conseil-général du Département de la Marne, présidée par M. de Chamorin.
Le Directeur, l'Inspecteur et le Vérificateur des Domaines.
Le Receveur des Domaines.
Le Receveur particulier de l'Arrondissement de Reims.
Le Directeur des Contributions et les Contrôleurs.
L'Inspecteur en chef des Ponts et Chaussées de la Marne.
Les Inspecteurs ordinaires de Reims, Châlons, Épernay, Vitry et Sainte-Manehould.

La Mairie de Reims, le Conseil municipal, les Commissaires de Police, la Commission administrative des Hospices, la Commission administrative du Bureau de Bienfaisance, le Directeur de l'Octroi.

Le Maire de Châlons, une Députation du Conseil municipal de cette Ville.

Le Maire d'Épernay.
Le Maire de Sézanne.
Le Maire de Sainte-Manehould.
Le Maire de Villers-sous-Châtillon.

M. De Barral, Évêque de Meaux, et son Clergé.

M. Mutel, Président du Tribunal Criminel, et les Membres de ce Tribunal.
Le Commissaire du Gouvernement.

M. Moreau, Président du Tribunal Civil de l'Arrondissement de Reims, et les Membres composant le Tribunal.
Le Commissaire du Gouvernement, son Substitut, le Magistrat de sûreté.

M. Ponsardin, Président du Tribunal de Commerce, et les Membres du Tribunal.
Les trois Juges de Paix.

Une Députation du Tribunal de Châlons.
Une Députation du Tribunal d'Épernay.
Une Députation du Tribunal de Sainte-Manehould.

Le Général VALENCE, et la Députation du Collége électoral du Département de la Marne, dont il est Président.

Le Général DUPONT, Commandant la 2.ᵉ Division militaire.

Le Général GUÉRIN, Commandant le Département de la Marne.

Le Commissaire des Guerres RAULIN, résidant à Reims.

Le Chef de Brigade RIGAUT, Commandant le 16.ᵉ Régiment de Cavalerie, l'État-major et les Officiers de ce Régiment.

Le Préfet du Département de l'Aube.

Le Maire de Troyes.

Le Conservateur des Forêts, résidant à Troyes ; l'Inspecteur des Forêts de Reims.

———

Le Conseil Municipal appelé, M. ASSY-VILLAIN, faisant les fonctions de Maire, accompagné de MM. CAMU-DIDIER et JACQUEMET DE PYMONT, Adjoints, prononça avec dignité un Discours succinct, après lequel il a présenté les Vins d'honneur : en même temps huit corbeilles de poires de Rousselet, pain d'épice, tablettes, pâtes et autres préparations particulières à la Ville de Reims, furent présentées à Madame BONAPARTE par 12 jeunes Demoiselles de 6 à 12 ans, vêtues de blanc et d'une manière assortie aux grâces de leur âge. Mademoiselle MOREAU, fille du Président du Tribunal Civil, âgée de 6 ans et demi, portant la parole, a dit, avec une confiance décente, une aimable naïveté, d'un ton convenable et sans hésiter :

MADAME,

» L'Enfance aussi vient vous présenter son hommage : elle sait mieux
» sentir que s'exprimer, elle fait plus facilement un vœu qu'un compliment.
» Vivez long-temps, MADAME, pour partager la gloire et faire le
» bonheur de votre illustre Époux : c'est le souhait de tous les âges, c'est
» celui des Enfans.
» Recevez l'offrande de ce que nous estimons le plus dans les produits

» de la Cité. Daignez l'accepter comme un gage de notre amour et de
» notre profonde vénération «.

Madame BONAPARTE a prêté à l'Enfant la plus complaisante attention, et le dernier mot à peine prononcé, l'a embrassée de manière à marquer la plus entière satisfaction. Elle a adressé quelques mots obligeans à ses Compagnes Mesdemoiselles CHAIX, BARON-GUÉNART, PETIZON-LUCAS, BARRÉ-RIGAUT, BOISSEAU, DELAMOTTE-FOURNEAUX, PERRIN-CORRIJEUX, GIVELET-ASSY, FOURNEAUX-LASNIER, AUGER-LEFEBVRE, JAMIN.

L'intéressante Députation s'est retirée en même temps que le Conseil Municipal à la fin de l'Audience, dans laquelle le CONSUL s'est fait donner des éclaircissemens sur quantité d'objets relatifs aux intérêts de la Ville; il a sur-tout fait au Président de la Commission des Hospices Civils, beaucoup de questions qui attestent l'humanité la plus sensible, et qui prouvent que rien de ce qui peut servir au soulagement des malheureux ne lui est étranger.

A quatre heures et demie, cédant à l'impatience d'une multitude innombrable qui aspiroit au moment de contempler l'objet de ses vives affections, le PREMIER CONSUL monta à cheval, escorté de sa Garde d'honneur, et parcourut différens quartiers de la Ville au milieu d'un Peuple immense et des acclamations universelles. En traversant la Place Nationale, un Trophée militaire, qui en occupoit le milieu, s'offrit à ses regards. Ce Monument, proportionné à l'étendue de la Place, se faisoit remarquer par une savante distribution des objets variés qui le composoient. Une Inscription, qui en embrassoit la base sur sa face principale, le consacre en ces termes :

A

BONAPARTE,
LIBÉRATEUR DE LA PATRIE,
SON SOUTIEN,
SA GLOIRE
ET SON AMOUR.

LES MAIRE ET HABITANS DE LA VILLE DE REIMS,
DANS LES TRANSPORTS DE LEUR RECONNOISSANCE
ET L'EFFUSION DE LA JOIE LA PLUS VIVE.

LE XXII THERMIDOR AN XI DE LA RÉPUBLIQUE.

Sur la face opposée on lit :

> Si Londres veut ressusciter Carthage,
> Paroissez, Braves d'Albion :
> Nous ne le cédons pas aux Romains en courage,
> Et nous avons pour Chef un autre Scipion.

Ce Monument remplaçoit une Pyramide qui avoit été élevée à la mémoire des Défenseurs de la Patrie : elle menaçoit ruine, et sa chûte pouvoit entraîner des accidens. Sa base est destinée à recevoir un Monument plus durable, qui consacre à la fois la mémoire de nos braves Défenseurs, l'état glorieux de la France qui est une suite de leurs exploits, et les hauts faits du Héros qui a mis la dernière main à la régénération qu'ils ont si vaillamment commencée.

Le Consul se rendit ensuite aux ateliers de Manufacture de MM. JOBERT-LUCAS et DÉRODÉ, qu'il visita avec intérêt ; il en suivit les opérations avec une complaisante curiosité. Ses observations portent sur les objets de détail, comme sur ceux d'un ordre plus relevé, avec un caractère de connoissances qui étonnoit les Ouvriers transportés d'admiration et de joie. Son nom retentira long-temps dans nos ateliers, et y entretiendra une activité que l'industrie qu'il protège pourra mettre au nombre de ses bienfaits. Il étoit attendu dans d'autres ateliers qui n'étoient pas moins dignes de ses regards, et où son goût pour les arts, et sur-tout pour les arts mécaniques, l'avoient annoncé : le temps ne lui a pas permis d'étendre ses visites. Tous étoient décorés, et quelle fête plus digne d'être célébrée !

A l'atelier de M. JOBERT, les rameaux, les guirlandes de fleurs et de verdure, les couronnes étoient multipliées avec une profusion qui marquoit les transports d'une joie entiérement d'accord avec l'Inscription placée dans le vestibule des ouvroirs, où Madame BONAPARTE devoit d'abord être introduite.

> Livrez-vous à la joie, Enfans de l'Industrie !
> La Déesse des Arts accueille vos travaux :
> Sa présence en ces lieux vous rend dignes d'envie ;
> Méritez sa faveur par des efforts nouveaux.

On lisoit au-dessus de la porte de la principale pièce de l'atelier :

> D'un de ses regards honorés,
> Nous redoublerons de courage;
> Plus nos cœurs lui sont attachés,
> Plus nos bras le sont à l'ouvrage.

Dans le magasin où, sur les tables et les rayons, étoient exposées les pièces des différentes Etoffes qui se travaillent à la Manufacture, le buste du Consul est placé dans un large trumeau, sur un socle de marbre blanc légèrement veiné; on lit sur la table d'inscription :

> A la palme des Arts unissant les lauriers,
> Il anime nos bras comme ceux des guerriers.

C'est là que M. Jobert fit hommage à Madame BONAPARTE d'un châle, production de sa Manufacture. Il fut accueilli avec bonté; et sur le champ, avec ces grâces qui ne sont pas le moindre des charmes qui attachent à sa digne Moitié le Héros de la France, Madame BONAPARTE en couvrit ses épaules, et laissa sur la table celui dont il prenoit la place.

L'atelier de M. Dérodé, décoré d'une manière pittoresque, avoit tiré de son propre fonds les ornemens qui s'y faisoient remarquer. Le long des murs et joignant les plafonds, pendoient en festons des pièces d'étoffe de couleurs foncées : des écheveaux de laine de couleurs variées, assorties avec goût et entremêlées avec art, figuroient les rubans qui arrêtent les plis du feston : sur l'étoffe, des dessins courans, tracés avec des écheveaux préparés de la même manière, récréoient la vue. De distance à autre, des festons prolongés portoient l'inscription de *Vive Bonaparte!* en caractères tracés à la manière des dessins courans. D'écheveaux ainsi préparés, on avoit fait des guirlandes qui, serpentant d'un métier à l'autre, formoient un ensemble dont quelques brins de verdure animoient l'effet. Le Consul donna toute son attention tant aux pièces faites qu'à celles sur le métier, fit des observations que les ouvriers furent étonnés de trouver à leur portée, et dont la justesse leur inspiroit une sorte d'orgueil. Cette visite, chez M. Dérodé, eut le même effet que celle que le Consul avoit faite chez M. Jobert. Tous deux reçurent des marques flatteuses de satisfaction sur l'activité et l'ordre qui règnent dans leurs établissemens. Le Consul quitta l'un et l'autre atelier comblé de bénédictions, et fut reconduit au bruit des acclamations et des démonstrations d'une joie qui ne connoissoit plus de bornes.

Les Vers suivans ont été présentés au CONSUL, dans la cour de M. DÉRODÉ. BONAPARTE les a reçus avec bonté, et les a remis au Préfet du Palais, pour être lus dans un moment où il auroit plus de loisir.

> Toi, dont je déplorois la chûte et les malheurs,
> Reims, ne regrette plus tes antiques honneurs.
> Couverte en ce moment d'une gloire étèrnelle,
> Renais, Cité célèbre, et plus grande et plus belle;
> Et puisque le Héros adoré des Français,
> Daigne mettre aujourd'hui le comble à ses bienfaits;
> Pleins de respect, d'amour et de reconnoissance,
> Chantons tous à l'envi le Cyrus de la France.
> Par ses soins paternels nos champs sont cultivés,
> Nos ateliers r'ouverts, nos Autels relevés.
> Ses mains ont étouffé l'hydre de l'anarchie
> Qui déchiroit le sein de ma triste Patrie;
> Lui seul a déjoué les projets destructeurs
> Qu'enfantoient des méchans les aveugles fureurs;
> Lui seul.... Mais quel objet à mes yeux se présente,
> Et trouble des Français l'alégresse naissante?
> Injustement jaloux de nos prospérités,
> L'Anglais répand encor l'alarme en nos Cités.
> O toi qui tant de fois as fixé la victoire,
> Pour qui sera la guerre un nouveau champ de gloire,
> BONAPARTE, ton nom vaincra les fiers Anglais;
> Oui, tu les forceras à demander la paix;
> Et l'affreuse Bellone, à tes pieds enchaînée,
> Humble, respectera ta haute destinée.

Entre les deux visites, le CONSUL s'étoit rendu à la Bourse.

Aux sentimens universels d'admiration, de reconnoissance et d'amour qui environnent le Héros de la France, la prédilection dont il honore le Commerce et les Arts, la protection qu'il leur accorde, ajoutent des sentimens particuliers. dont les Villes de Commerce et de Manufactures s'empressent de lui donner des marques. La Ville de Reims pouvoit-elle ne pas saisir avec ardeur la glorieuse occasion du séjour du Consul dans ses murs? Fière d'en être redevable à une faveur particulière, et la devant sur-tout à l'industrie qui occupe les trois quarts de ses habitans, le Corps du Commerce et Manufactures réunis s'est empressé de signaler son dévouement par un hommage qui pût à la fois marquer ses sentimens, et attester que la protection du Chef de l'Etat n'est pas sans effet.

Par ses ordres et sous sa direction, dans une Salle de cent pieds de longueur, sur trente-six de largeur, on avoit fixé sur toute la longueur, à la hauteur de six mètres, une large tablette, sur laquelle étoient rangées des pièces de toutes les espèces d'étoffe apprêtées et sans apprêt, prises dans les différentes Manufactures que le Consul n'avoit pu visiter. Leurs développemens se prolongeant sur le lambris, retomboient sur des tables à hauteur d'appui, et s'offrant pour ainsi dire à la main, sembloient provoquer l'inspection. Leurs différentes couleurs agréablement mélangées, formoient un coup-d'œil qui ne nuisoit pas à l'effet des ornemens dont la Salle étoit décorée. Sous la corniche en marbre isabelle, pendoient de tous côtés des festons de verdure et de fleurs, dont la fraîcheur avoit été ménagée avec tous les soins qu'exigeoient la chaleur du jour et l'aridité de la saison : la couleur tendre du lambris en rendoit les effets plus piquans. Dans le fond de la Salle qui fait face à la porte qui communique aux appartemens, on avoit élevé une estrade : dans le milieu de l'enfoncement, sur un piédestal de marbre, étoit placé le Buste du Consul. Sous la tablette, dans la gorge de la corniche, on lit :

Tu quocumque voces artes, en ocius adsunt.

Au-dessus du Buste, sur une table d'inscription fond d'azur, étoit écrit en caractères rehaussés d'or :

Le Commerce de Reims

expose aux regards de BONAPARTE,

premier Consul

de la République Française,

les produits de son industrie.

A la droite de l'Inscription, un Tableau de huit pieds de hauteur, sur cinq sur cinq de largeur, représente Mercure assis sur un trophée composé de tous les attributs du Commerce. Il indique avec son caducée des couronnes civiques, pour marquer l'influence du Commerce sur la prospérité des Empires, et le genre de gloire acquise à ceux qui s'y livrent avec la noblesse et l'intelligence qui leur donnent des droits à la reconnoissance publique. Il tient de la main droite une bourse, symbole de ses avantages utiles.

A gauche, un Tableau de même proportion, représente un Négociant assis sur une balle de Marchandises jetée sur des ballots, caisses, etc. Son attitude, son air pensif le montrent occupé à des spéculations de Commerce.

En face, à l'extrèmité opposée de la Salle, deux Tableaux de même grandeur, représentant, l'un le départ de la Flotte française, pour aller venger le mépris des traités et la violation du droit des gens, dont les Anglais se sont rendus coupables avec une perfidie qui appelle sur eux l'indignation de tous les peuples;

L'autre, le débarquement de la Flotte sur les côtes d'Angleterre.

Ces deux Tableaux, qui offrent des détails intéressans, accompagnent une arcade dont l'ouverture laisse appercevoir, dans un enfoncement, un Tableau transparent de sept pieds et demi de hauteur, sur cinq de largeur. Un Vaisseau avec tous ses agrêts, portant pavillon français, en remplit tout le champ. Les détails exécutés avec précision, en multipliant les passages de la lumière, en rendent l'effet très-piquant à la lumière du jour, et plus encore à celle d'une Illumination bien dirigée.

Sur le marbre du fronton qui surmonte l'arcade, une Inscription en caractères de bronze, porte:

> Celui dont les exploits remplissent l'Univers,
> Dont le vaste génie enchaîne la fortune,
> Saura, pour assurer la liberté des Mers,
> Joindre aux foudres de Mars le trident de Neptune.

L'attention du CONSUL s'est portée particulièrement sur les objets d'industrie dont il a paru satisfait. Leur étonnante variété a sur-tout mérité ses éloges. Leur disposition, l'étendue du local et le goût qui a présidé à son embellissement, ne lui ont pas échappé. MM. du Commerce ont profité du moment où il marquoit sa satisfaction, pour obtenir la permission de donner le soir même, à Madame BONAPARTE, un Bal,

C

où déjà, d'après ses bontés connues, étoient invitées les personnes les plus propres à répondre à l'appareil qu'on se proposoit de lui donner. La permission accordée fut pour eux le commencement de la fête. Une demi-heure après la sortie du Consul, il ne restoit plus rien de l'étalage qui avoit demandé de longs apprêts A des décorations d'un style grave, succédèrent en un instant des décorations d'un genre plus galant et plus gai.

A sept heures, le Consul rentra au Palais : on servit le dîner, auquel étoient invités M. Bourgeois Jessaint, Préfet de notre Département, Madame et Mademoiselle leur Fille ; MM. Assy-Villain, faisant les fonctions de Maire de la Ville ; de Barral, Evêque de Meaux ; le Sénateur Monge; Brulé, Préfet du Département de l'Aube; le Général Valence; le Général Guérin; et Rigaud, Commandant le seizième Régiment de Cavalerie. Le Consul y montra de la gaieté : son air de satisfaction donnoit un double prix à l'honneur d'y être admis. Rentré au Salon, il eut, avec les mêmes personnes, une conversation d'une heure et demie ; presque tous ses entretiens ont pour objet des choses relatives à l'intérêt public.

A neuf heures, toute la Ville fut illuminée. On peut assurer que, dans aucune circonstance, le Peuple ne s'est montré avec une plus généreuse magnificence. Dans les quartiers les plus éloignés comme dans les plus rapprochés du Palais, dans la classe des Citoyens les moins fortunés comme dans celle des plus opulens, l'émulation se faisoit remarquer : l'intérêt du sentiment étoit seul écouté. Rien ne fut épargné pour donner à l'illumination le plus brillant éclat. Des mouvemens affectueux s'étoient joints aux transports de la joie, pour en ordonner les dispositions, et en faire un spectacle digne de l'attendrissement du Héros qui en étoit l'objet : le Cours sembloit en être le foyer. Trois allées parallèles de seize cens pas de longueur, étoient illuminées par des pots à feu qui, fixés deux à deux, à des hauteurs différentes au tronc de chacun des arbres, formoient six cordons d'illumination qui servoient d'avenues à un Temple de la Victoire figuré par des lampions, distribués de manière à prononcer toutes les parties de l'architecture. Des ifs et vases placés dans les esplanades et boulingrins, éclairoient les danses et jeux auxquels ils étoient destinés; ils y restèrent établis jusqu'à l'arrivée de Madame Bonaparte, qui s'y rendit à dix heures. A l'instant tous les plaisirs cédèrent à celui d'accompagner et de suivre son char, qui parcourut plusieurs fois la principale allée dans toute sa longueur. La foule y resta constamment attachée, et l'accompagna jusqu'à la Bourse où elle se rendit ensuite.

La principale Porte du Cours présentoit un aspect éblouissant, dont on pouvoit jouir de tous les points de la longue rue qu'elle termine. Ses pilastres formoient des masses de lumières qui en conservoient la forme, et accompagnoient, sans nuire à son effet, un transparent qui remplissoit le cintre du dormant, et faisoit lire, à la plus grande distance, sous une étoile étincelante :

A BONAPARTE.

Entre les pilastres étoient suspendus deux grands Médaillons, dont l'un représente Thémis et Bellone se donnant la main et se promettant une constante union, avec ce vers :

> *Justitiâ dubium, Validis-ne potentior armis.* Ovid.

INSCRIPTION.

> L'éclat de ses succès ne l'a pas ébloui,
> La Sagesse en tout temps gouverne sa vaillance :
> Aux Peuples qu'il soumet, s'il rend l'indépendance,
> Sa justice devient leur force et leur appui.

L'autre représente Minerve dans un atelier de Manufacture, ayant à ses pieds sa cotte d'armes, sa lance et son casque ; elle encourage, par sa présence, et dirige par ses conseils, les Ouvriers, dont la plupart sont en action.

Mots de la Devise. *Sic operum solertia crescet.*

INSCRIPTION.

> Vive émulation ! Par toi de l'industrie
> Vont s'accroître en tous lieux les utiles travaux :
> Et par toi chaque jour mille ouvrages nouveaux
> Enrichiront l'Artiste et la Patrie.

A minuit, deux girandes, précédées de quelques pièces d'artifice et de beaucoup de fusées volantes, furent tirées par M. RUGGIERY : elles furent très-applaudies.

Le Peuple, qui avoit accompagné Madame BONAPARTE jusqu'à la Bourse, obligé de s'en séparer, se répandit dans tous les quartiers de la Ville pour jouir du spectacle des illuminations, dont le plus grand nombre étoit ordonné avec beaucoup d'intelligence et de goût. Plusieurs figuroient des ordres d'architecture, des vases, des ifs et autres décorations, ou animoient des transparens ingénieusement imaginés. Celui qui occupoit le centre de l'illumination de la Maison de l'Adjoint, faisant les fonctions de Maire, présentoit l'Inscription suivante :

> Protecteur éclairé du Commerce et des Arts,
> Sa présence leur donne une nouvelle vie :
> Il sait faire mouvoir, au gré de son génie,
> L'aiguille de Minerve et la lance de Mars.

On a remarqué, au-dessus de la Porte de la Maison de M. CAQUÉ, Médecin, une application très-heureuse de ces vers d'Horace, que le CONSUL adresse à ses Troupes actuellement à Reims :

> *O fortes pejoraque passi*
> *Mecum sæpe viri, nunc vino pellite curas :*
> *Cras ingens iterabimus æquor.*

Nous ne pouvons rapporter les nombreuses Inscriptions qui, toutes, avoient des caractères ou de joie, ou d'admiration, ou de sentimens affectueux ; nous pouvons assurer que la plus fêtée, la mieux sentie, a été *VIVE BONAPARTE!* répétée à l'infini en traits de feu, véritable symbole du sentiment dont chacun s'empressoit de donner des marques.

Le Bal devoit completter et terminer cette journée mémorable. L'activité de MM. les Commissaires du Commerce avoit mis, en très-peu de temps, la grande Salle de la Bourse en état de recevoir de nouvelles décorations.

Les lambris devenus libres furent ornés d'un second cordon de guirlandes qui, tombant en festons, accompagnoient des girandoles de cristal distribuées sur toute la longueur du vaisseau. Vingt-cinq lustres, aussi de cristal, brillans de leur propre éclat, en recevoient encore de la lumière des girandoles qui en empruntoient d'eux.

Quatre rangs de banquettes élevées en gradins se prolongeoient jusqu'à l'estrade qui étoit ornée, et sur laquelle on avoit préparé, en avant et à peu de distance du buste du CONSUL, un canapé pour les illustres Époux, objets et l'âme de la fête. En face, l'arcade laissoit voir, dans un enfoncement, le vaisseau transparent, auquel l'ondulation de la lumière sembloit donner du mouvement. L'enfoncement étoit formé par un vestibule qui conduisoit à la Salle des rafraichissemens. Les tables, placées dans les entrecolonnemens d'une galerie, à laquelle des guirlandes de fleurs, jetées avec grâce d'une colonne à l'autre, donnoient le plus élégant aspect, étoient couvertes de choses préparées et présentées de manière à plaire à l'œil, autant qu'à flatter le goût.

On arrivoit à la Bourse en traversant deux cours amplement illuminées. Dans la seconde, des orangers, des lauriers et des grenadiers en fleurs formoient une avenue aboutissante au perron éclairé par des files de pots à feu, disposés de façon qu'ils répandoient la plus grande clarté sans blesser l'odorat.

Le massif du perron étoit masqué par un transparent qui, dès l'entrée de la première cour, faisoit lire :

Livrons-nous aux transports de la reconnoissance,

Signalons par des jeux le plus beau de nos jours :

Les siens feront long-temps le bonheur de la France,

Si le Ciel a sa gloire en mesure le cours.

C'est sur ce perron qu'étoit attendue Madame BONAPARTE, par MM. les Préfet et Sous-Préfet, les Maire et Adjoints et les Commissaires du Commerce. Des affaires occupoient le CONSUL au Palais. Elle arriva à onze heures, accompagnée de ses Dames du Palais, et suivie par les Généraux, Préfets du Palais, et autres Personnes de sa Cour. Elle fut reçue à la première marche de l'escalier du perron, et conduite, avec son cortège, à la place qui lui étoit préparée. Dès qu'elle fut assise, le Bal s'ouvrit par des Valses et Contredanses, au son des instrumens qui en marquoient la mesure par des airs assortis et exécutés, avec des ménagemens qui, malgré la multitude des instrumens, prévenoient la confusion des sons.

Les banquettes, occupées d'un bout à l'autre par tout ce que la Ville a de plus aimable, dans la plus élégante parure ; le mouvement des danses, le jeu de la lumière dont les rayons se coloroient en se brisant sur des fleurs et des pyramides de cristal, l'éclat des décorations, formoient un spectacle qui remplissoit bien les vues de ceux qui avoient ordonné la fête : Madame BONAPARTE leur en marqua sa satisfaction dans les termes les plus obligeans. Sa présence en étoit le plus précieux ornement. Une heure, qui s'écoula bien rapidement, fut la mesure de notre jouissance : à minuit Madame BONAPARTE se retira. Elle fut reconduite à sa voiture par les mêmes Personnes qui avoient eu l'honneur de la recevoir : elle prit, avec toute sa suite, le chemin du Palais. Le Bal dura jusqu'au jour, animé seulement par le besoin de faire diversion aux regrets d'avoir perdu ce qui lui donnoit le plus puissant intérêt.

Les Maire et Adjoints, informés que le départ du Consul étoit fixé au lendemain à six heures du matin, se rendirent à cinq et demie au Palais, où ils furent admis à marquer, au premier Consul et à Madame BONAPARTE, la reconnoissance et les regrets de tous les Citoyens, et à leur faire l'hommage de leurs vœux unanimes pour une prospérité à laquelle celle de l'État est si essentiellement liée. La Garde d'honneur étoit à son poste.

Le Consul, en allant à sa voiture, se montroit empressé à donner des marques de sa satisfaction. Il partit à six heures, escorté de la Garde d'honneur à cheval, et d'un Détachement de sa Garde ordinaire. La rapidité des chevaux, qui précipitoient le moment où nos derniers regards alloient se confondre avec le commencement de nos regrets, ne put empêcher une foule nombreuse de le suivre et l'accompagner bien au-delà de la Porte, dont la décoration, par sa simplicité, sembloit être le premier signe des sentimens qui devoient succéder à ceux de la joie. Un Cartouche, entouré d'une bordure de lierre et embrassé par des rameaux, portoit :

NAPOLEONI BONAPARTE

HEROI FORTISSIMO,

EXERCITUUM NOSTRORUM DUCI INVICTISSIMO,

AD NOVAS VICTORIAS

PROPERANTI

S. P. Q. R.

XXIII THERM. AN. XI.

Le Consul trouva, à un quart de lieue de distance, le 16.e Régiment de Cavalerie rangé en bataille. Le Préfet du Département, et le Sous-Préfet de notre Arrondissement, le suivirent jusqu'à Fismes, limite du Département : il y fut reçu par le Conseil Municipal, et harangué par le Maire.

La Ville de Reims, glorieuse du séjour de BONAPARTE dans ses murs, en a consacré le souvenir par cette Inscription, tracée sur la table de pierre qui surmonte le fronton de l'Hôtel de Ville.

NAPOLEONI BONAPARTE

PRIMO CONSULI

ÆDES NOSTRAS

SUÁ, PRO CIVIUM VOTO

PRESENTIÁ,

NOBILITANTI

S. P. Q. R.

XXII THERM. AN. REIPUB. XI.

D. V. C.

Le Conseil Municipal a fait placer, dans la Salle de ses Assemblées ordinaires, le buste du PREMIER CONSUL. On lit, sur la corniche du piédestal,

Templa deo, Populis mores dedit, otia ferro.

Madame BONAPARTE a témoigné à Mademoiselle MOREAU sa satisfaction du Discours qu'elle a prononcé d'une manière si distinguée, en lui envoyant une croix d'or émaillée, ornée de cinq diamans brillans, et attachée à une longue chaîne d'or.

Les Ateliers de MM. JOBERT et DÉRODÉ ont reçu des marques généreuses de celle du PREMIER CONSUL.

Les Maire et Adjoints, reconnoissans du zèle et de l'intelligence avec lesquels les Commissions employées aux préparatifs de la Fête ont secondé leurs vues, regardent comme un devoir de faire partager ce sentiment à leurs Concitoyens, en publiant les noms de ceux qui ont bien voulu y donner leurs soins, SAVOIR :

Pour les Illuminations............ { MM. PRÉVOTEAU-GÉRARDIN.
LEGRAND-LASNIER.
DELAMOTTE-FOURNEAUX. }

Pour les Décorations et Emblêmes..... { MM. BERGEAT.
PERRIN-SALBREUX, Peintre.
SERRURIER, Architecte.
LÉLEU père et fils.
ENGRAND. }

Pour la Charpenterie............. { MM. LEMEREZ.
PERRIN-CORRIJEUX. }

Pour l'intérieur du Palais.......... { MM. DE CADIGNAN.
POLONCEAU.
MAYETTE.
FOURNEAUX. }

MM. du Commerce, dans les mêmes sentimens et dans les mêmes vues.

Pour le Bal.................. { MM. DELAMOTTE-BARRACHIN.
FÉLIX BOISSEAU.
JOBERT.
TRONSSON-LECOMTE.
JACOB.
LEGRAND-RIGAUT.
RUINART-GARVEY.
PERRIN-SALBREUX. }

Pour l'exposition des produits de l'Industrie.................... { MM. LELORRAIN.
ASSY-PRÉVOTEAU.
LEGRAND-DAVID.
CHARLES HENRIOT.
HENRI VUATRIN.
BALIGOT père. }

On verra avec plaisir le précis qui nous a été envoyé des Décorations de l'Arc de triomphe élevé à Isles, entrée du Département de la Marne.

Au-dessus de la Porte, on lisoit :

DÉPARTEMENT DE LA MARNE.

Des deux côtés s'élevoient des trophées, au-dessus desquels étoient placés des Médaillons ; dans celui à gauche, on lisoit :

> Précipite tes pas, Consul chéri des Cieux !
>   L'Amour t'attend sur cet heureux rivage :
> D'un Peuple qui t'appelle et qui t'offre ses vœux,
>   L'impatience est le premier hommage.

Dans le Médaillon à droite :

> De leurs traits autrefois voilant la majesté,
> Les Dieux, nous dit la Fable, ont voyagé sur Terre :
> La Fable, de nos jours, devient réalité,
> J'ai vu passer Minerve et le Dieu de la Guerre.

DISCOURS

Prononcé par M. ASSY-VILLAIN, Adjoint, faisant les fonctions de Maire, au PREMIER CONSUL, en lui présentant les Clefs de la Ville.

CITOYEN PREMIER CONSUL,

Je viens, au nom des Rémois, vous remercier de la faveur dont vous les comblez, en les faisant jouir de votre auguste présence.

J'ai l'honneur de vous offrir les Clefs de la Ville, et les cœurs des Habitans; daignez recevoir avec bonté les tributs d'admiration, de reconnoissance et du plus sincère amour de mes Concitoyens, entièrement dévoués à votre personne chérie, et le profond respect des Magistrats que vous avez bien voulu placer à leur tête.

DISCOURS

PRONONCÉS A L'AUDIENCE DU PREMIER CONSUL.

DISCOURS du PRÉFET de la Marne.

CITOYEN PREMIER CONSUL,

Les Habitans du Département de la Marne éprouvoient, comme tous les Français, le besoin de vous exprimer leur admiration et leur respectueux dévouement. Ils envioient à leurs voisins le bonheur de vous recevoir au milieu d'eux. Leurs désirs sont accomplis; vous avez vu leur transport, et par-tout, sur votre passage, vous avez entendu les acclamations de leur joie.

Jouissez de cet empressement universel, de ce concert d'alégresse qu'excite votre présence. Ce ne sont point des hommages vulgaires dictés par l'usage et adressés à la grandeur de votre pouvoir, mais des actions de grâce que vous offre un peuple sensible et reconnoissant; et c'est ainsi que toutes les parties de la France, devenue si illustre par vos victoires, si puissante par vos glorieux traités, si prospère par la sagesse et l'énergie de votre gouvernement, bénissent à l'envi leur libérateur.

A Madame BONAPARTE.

MADAME,

Veuillez recevoir avec cette bonté qui vous est si naturelle, l'hommage de notre respect.

Epouse chérie du Chef auguste de l'Etat, vous dont les douces affections sont le charme de sa vie, comblez nos vœux, en jouissant long-temps de sa gloire et de votre mutuelle félicité.

DISCOURS du Député du Département de la Marne.

CITOYEN PREMIER CONSUL,

Le Conseil général se félicite de pouvoir enfin vous offrir l'hommage de sa profonde vénération. Combien il a craint, un moment, d'être privé de cet honneur! Votre arrivée comble de joie tous les Habitans de la Marne. Ils se disoient avant, que, si vous daigniez les visiter, ils étoient sûrs que bientôt tous leurs intérêts vous seroient connus, et deviendroient un des objets de vos sollicitudes. Aujourd'hui votre présence exalte tous les cœurs. Nous ne pouvons plus que nous rappeler tous les bienfaits que nous vous devons.

Vous avez fait renaître en France le calme, l'ordre, le Commerce, les Sciences, les Arts, la Justice, la Religion. Grâces à votre génie vivifiant, de toutes parts on les voit refleurir avec un nouvel éclat. Voilà la source inépuisable de tant de transports d'alégresse, de tant d'acclamations qui vous précèdent, vous accueillent et vous suivront par-tout. Ce sont aussi les élans de l'espoir pour les nouveaux triomphes que vous méditez. Ce sont sur-tout, CITOYEN PREMIER CONSUL, les bénédictions de la reconnoissance.

A Madame BONAPARTE.

MADAME,

Nous venons, au nom du Département de la Marne, vous prier de recevoir le témoignage de ses respects.

Le PREMIER CONSUL fait le bonheur des Français, et vous faites le sien. Tel est l'heureux effet du mérite embelli par les grâces. L'héroïsme s'enorgueillit de lui rendre hommage; et l'un et l'autre, en assurant de concert la félicité des peuples, acquièrent des droits éternels à leur reconnoissance.

DISCOURS de l'ADJOINT, faisant les fonctions de Maire de Reims.

CITOYEN PREMIER CONSUL,

J'AI l'honneur de vous présenter le Conseil municipal, l'Administration des Hospices civils, les Membres du Bureau de Bienfaisance, les Commissaires de Police de cette Ville, les Chefs de la Garde nationale, les Maires et Députés de Châlons, Sainte-Manehould, Epernay, Sézannes et autres. Ces Citoyens, pénétrés d'admiration, d'amour et de reconnoissance, savent apprécier la faveur dont vous les honorez, heureux de pouvoir contempler le Héros de la France, le sauveur de l'Etat, le restaurateur de la Religion et des mœurs.

Je prends la confiance de vous offrir les Vins, production de notre territoire; ils ont été dans tous les temps présentés aux Chefs de l'Etat, mais jamais dans une circonstance aussi glorieuse pour nous : la bienveillance avec laquelle vous daignerez les recevoir, en fera le principal mérite.

A Madame BONAPARTE.

MADAME,

Tous les Français célèbrent à l'envi vos vertus; tous sont pénétrés du plus profond respect pour l'auguste Compagne qui fait le bonheur du Héros à qui la France doit la plus glorieuse existence.

Le Conseil municipal et les diverses Autorités que j'ai l'honneur de vous présenter, heureux de jouir de votre présence, sentent bien vivement cette faveur, et vous prient d'agréer l'expression de leur respectueux hommage. (*En présentant les jeunes Demoiselles*) Ces jeunes Rémoises ont l'honneur de vous offrir les foibles productions de notre sol ; daignez les accueillir favorablement.

DISCOURS de L'ÉVÊQUE de Meaux.

CITOYEN PREMIER CONSUL,

Au bruit de votre arrivée, j'accours de l'extrêmité de mon Diocèse, pour vous présenter l'hommage et les vœux de mes dignes Coopérateurs, et particulièrement du Clergé de la Ville de Reims. Vous le trouverez soumis aux Lois de l'Eglise et de l'Etat, uni par les liens d'une sainte fraternité, exemplaire dans ses mœurs, zélé pour ses augustes fonctions, et répetant avec une touchante unanimité les acclamations des peuples en faveur du libérateur de la France.

Nous ne vous offrirons pas, CITOYEN PREMIER CONSUL, l'encens de la louange mondaine ; d'humbles Ministres de JESUS-CHRIST doivent se l'interdire, et sans doute aussi votre ame élevée dédaigne tout éloge qui n'est pas la simple expression de la reconnoissance et de l'amour.

Jouissez de notre bonheur ; contemplez votre ouvrage, vous qui fûtes l'heureux instrument de la Providence lorsqu'elle résolut de faire rentrer dans l'abyme ce déluge de maux épouvantables dont la France étoit inondée.

Plein des nobles desseins que vous inspiroit le Dieu protecteur de la Patrie, vous seul avez entrepris de défendre la cause du genre humain contre ses oppresseurs. Vous paroissez, et le cri de la terreur cesse de se faire entendre ; les haines s'évanouissent ; les douces affections de la nature ont repris leur cours, et nous avons pu recommencer à nous aimer.

La Religion, qui proclame tout ce qui est vrai, tout ce qui est utile aux hommes, pouvoit seule être la base de la sociabilité renaissante. Cette pensée, grande et féconde, vous étoit présente au milieu du fracas des armes, et son exécution, qui sembloit impossible, a été le premier fruit de la victoire.

Poursuivez votre carrière, conquérant pacificateur. Vous avez pu rallier autour de vous l'homme social et l'homme religieux, le père de famille, l'épouse sensible et vertueuse, et ces laborieux habitans de nos campagnes qui redemandoient le culte de leurs pères, pour en jouir eux-mêmes selon leur conscience, pour ramener la jeunesse au frein de l'obéissance et la plier à la règle des mœurs. Tous reconnoissent en vous le dépositaire de leurs destinées, et vous couvrent à l'envi des témoignages de leur amour.

Ah ! s'il nous étoit donné de vous recevoir aujourd'hui dans nos Temples, vous y verriez tous les âges, toutes les conditions, des foules immenses prosternées aux pieds des Autels, tous implorant pour le restaurateur de la Religion la faveur du Dieu tout puissant, sur le sol même où JESUS-CHRIST reçut les premières adorations du sol français. Sans doute le Dieu de nos pères ne sera pas insensible à nos humbles prières ; et en accomplissant tous nos vœux, il vous ouvrira de plus en plus la source pure de l'héroïsme, de la véritable gloire et du solide bonheur.

DISCOURS du PRÉSIDENT du Tribunal criminel.

CITOYEN PREMIER CONSUL,

Tous les cœurs vous appeloient depuis long-temps dans le sein de l'ancienne Métropole de la deuxième Belgique, autrefois si florissante par son commerce, toujours recommandable par la loyauté de ses industrieux habitans, et si digne aujourd'hui de fixer l'attention et la bienveillance particulière d'un Héros philosophe, du protecteur éclairé des arts et de l'ami des hommes.

Votre présence efface les douloureux souvenirs, ramène l'espoir consolateur dans toutes les ames, et les pénètre de ce feu céleste et pur, premier principe et source féconde d'honneur, de courage et de patriotisme que vous prodiguèrent la nature et le génie, et dont ils placèrent le foyer dans votre cœur, pour le communiquer à tout ce qui vous environne.

Elève et compagnon de Mars ! digne favori de la Victoire !

Espoir de la Nation française, vous irez accomplir vos hautes et glorieuses destinées !

L'égide de Pallas couvrira votre Chef auguste, tandis que la lance de Bellone armera votre bras.

Vengeur généreux de nos droits attaqués, vous arracherez des mains du perfide Gouvernement Anglais, le trident usurpé de Neptune ; et quand vous aurez précipité sa ruine, les autres Nations qu'il insulta, souriront à sa chûte et fouleront ses débris.

Nos enfans, guidés par votre sagesse et votre vaillance, accompliront nos vœux.

Quant à nous, chargés du dépôt sacré des Lois conservatrices de la sûreté et de la propriété de la Société, nous redoublerons de zèle, de veilles et de travaux pour purger le sol de ce Département du reste impur des brigands qui le désolent.

Nous veillerons à la sûreté du laborieux agriculteur, et du paisible habitant des Villes.

C'est ainsi que nous nous associerons à vos nobles travaux, et que nous croirons avoir justifié la confiance dont vous nous avez honoré, en nous investissant, par votre choix, des pénibles fonctions de la Magistrature.

A Madame BONAPARTE.

MADAME,

ORGANE de l'expression des sentimens du Tribunal criminel du Département de la Marne, nous ne vous fatiguerons pas de louanges, parce que ce seroit alarmer votre modestie.

Mais nous admirerons en vous le modèle des vertus qui vous font chérir de l'illustre Epoux dont vous embellissez la vie, et qui vous assurent les hommages du peuple français.

Puissent votre tendresse conjugale, votre délicate sensibilité, votre bienfaisance éclairée, servir d'exemple à toutes les Françaises, et ramener parmi nous cette antique loyauté, cette urbanité exquise, ces mœurs épurées et aimables qui signalèrent autrefois ces preux Chevaliers à qui votre sexe inspiroit tant de valeur dans les combats, et tant d'aménité auprès des Dames en temps de paix.

Cette réforme, MADAME, sera votre ouvrage.

Nos neveux regretteront de n'avoir pu, comme nous, contempler l'auteur d'un si heureux changement ; mais ils apprendront, sans en être étonnés, que vous conservâtes toujours dans toute leur fraîcheur, les myrthes de l'amour, les roses du plaisir, les lauriers de la gloire qui forment aujourd'hui votre couronne, et que vous avez su les unir à l'olive de Minerve et à la palme de l'immortalité qui ombrage la tête du Héros, dont vous partagez les destinées.

DISCOURS du PRÉSIDENT du Tribunal de première instance.

CITOYEN PREMIER CONSUL,

La France doit à la gloire de vos armes son salut et sa tranquillité; à la profondeur de votre génie, la restauration de toutes les parties de l'ordre social, le rétablissement de la religion dans sa pureté primitive, la confection d'un code civil uniforme sagement médité, la haute considération dont elle jouit auprès de toutes les Nations.

Chacun de vos exploits militaires eut fait un héros, chacun de vos actes politiques eut fait un grand homme.

Vous recueillez, Citoyen premier Consul, une récompense digne de vous, dans le respect et l'admiration des Puissances de l'Europe, dans la prospérité nationale, et dans l'amour des Français.

Daignez agréer, Citoyen premier Consul, l'hommage de notre respect, de notre reconnoissance et de notre dévouement le plus absolu.

A Madame BONAPARTE.

MADAME,

L'expression manque au sentiment d'admiration que nous éprouvons à votre aspect. Vous ajoutez, s'il est possible, un éclat à la gloire de votre illustre Epoux, par les vertus qui vous décorent. Vous contribuez à son bonheur, Madame, autant par les charmes de votre caractère, que par votre dévouement continuel aux intérêts de la Patrie et au soulagement des malheureux.

Puisse cette union exister aussi long-temps que nos cœurs le désirent, pour notre prospérité et celle des générations futures : c'est le vœu de tous les Français dont nous vous faisons l'hommage respectueux.

DISCOURS du PRÉSIDENT du Tribunal de Commerce.

CITOYEN PREMIER CONSUL,

Vous vous êtes rendu aux vœux ardens de nos Concitoyens, et nous avons le bonheur de vous posséder dans nos murs. Nos Ancêtres y reçurent ce Héros qui, le premier, fit arborer les aigles Romaines dans la Grande-Bretagne, et qui ne dédaigna pas l'alliance des Rémois. Vous allez combattre les mêmes ennemis, les mêmes succès vous attendent : vous humilierez nos fiers rivaux, vous ferez flotter le pavillon Français sur les Mers les plus éloignées, et vous rendrez au Commerce son activité et sa splendeur. Déjà notre Manufacture a ressenti les effets de votre puissante protection : vous avez donné aux Fonctionnaires publics des costumes qui ont rendu la vie à une des plus belles parties de notre Fabrique ; et nous contemplons, dans le Héros admiré par l'Univers entier, le législateur et l'inébranlable appui du Commerce Français.

A Madame BONAPARTE.

MADAME,

PERMETTEZ que le Tribunal et le Conseil de Commerce vous présentent leurs respectueux hommages. Quelles actions de grâce ne vous doivent pas tous les Français ! votre bonté, votre bienfaisance vous ont gagné tous les cœurs ; l'infortuné vous fait-il entendre sa voix, tous ses malheurs sont réparés. Combien, à tous ces titres, nous vous devons de reconnoissance ; mais ce qui doit la rendre immortelle et au-dessus de toute expression, vous faites le bonheur du Héros auquel sont attachées les destinées et la félicité de ce vaste Empire.

DISCOURS du MAIRE de Châlons-sur-Marne.

CITOYEN PREMIER CONSUL,

LES Nations, devant Alexandre, restèrent dans l'étonnement et le silence. Devant votre gloire, la Commune de Châlons n'a de voix que pour vous exprimer son admiration, son dévouement, sa reconnoissance.

A Madame BONAPARTE.

MADAME,

LES Héros ont leur empire : il en est un autre pour les grâces et la bonté. BONAPARTE a dû commander aux Nations ; vous, MADAME, à tous les cœurs. Puissent les Peuples heureux, jouir long-temps de vos vertus et de sa gloire !

DISCOURS

DISCOURS du PRÉSIDENT du Tribunal de première instance de Châlons-sur-Marne.

CITOYEN PREMIER CONSUL,

SI le Tribunal de première instance de Châlons n'eut consulté que son inclination, vous le verriez aujourd'hui partager les transports d'alégresse que votre présence dans le Département excite dans tous les esprits; mais convaincu que la justice ne doit jamais vaquer, il a cru devoir se borner à une Députation, et il nous a chargé de vous présenter ses respectueux hommages.

Il faudroit une bouche plus éloquente que la mienne, pour pouvoir exprimer les divers sentimens dont nous sommes animés à la vue du restaurateur de la France; du Héros qui, au feu de la guerre civile, a fait si heureusement succéder l'ordre, la paix, la tranquillité publique; qui nous a rendu la religion de nos pères; qui nous a donné des Lois qui, en faisant cesser l'incertitude, vont rendre la marche de la justice plus uniforme et plus rapide; qui dans le moment visite nos Manufactures pour rétablir et vivifier le Commerce.

Depuis l'installation du Tribunal de première instance de Châlons, les Membres qui le composent ont fait tout ce qui a dépendu d'eux pour répondre dignement à la confiance que vous leur avez accordée; ils feront de nouveaux efforts pour la mériter de plus en plus; mais ils vous supplient, CITOYEN PREMIER CONSUL, d'étendre le ressort de ce Tribunal trop circonscrit, de lui rendre le Canton de Vertus qui en a été retranché, et qui n'aspire qu'au moment d'y être réuni.

On ne peut rien ajouter, CITOYEN PREMIER CONSUL, aux sentimens d'amour, de respect, de reconnoissance et de fidélité dont nous sommes pénétrés pour votre auguste personne; ils sont gravés en traits ineffaçables dans nos cœurs.

Vous nous avez permis de vous approcher; vous nous avez accueillis, nous allons publier cette faveur dans notre Arrondissement; et les justiciables, de concert avec leurs Magistrats, ne cesseront de faire les vœux les plus sincères pour que l'Être-Suprême protège, bénisse votre Gouvernement, et vous ouvre une carrière assez longue pour affermir la République, la rendre heureuse et triomphante.

A Madame BONAPARTE.

MADAME,

L'ANNÉE dernière, le Tribunal de première instance de Châlons a eu l'honneur de se présenter devant vous; vous avez daigné l'accueillir; pénétré de la plus vive reconnoissance, et ne pouvant interrompre les fonctions importantes qui lui sont confiées, il nous a chargé de vous renouveler en ce moment les sentimens que vous lui avez inspirés.

Il fait les vœux les plus sincères pour que les liens sacrés qui vous unissent au PREMIER CONSUL, durent une longue suite d'années.

L'esprit qui vous distingue, cette bonté, cette candeur, cette amabilité qui vous caractérisent et qui enchantent tous ceux qui ont le bonheur de vous approcher, rendent la vie douce et agréable à votre auguste Epoux; c'est un bienfait signalé que nous vous devons, vous nous conservez un Héros duquel dépend la gloire et la félicité de la France.

DISCOURS du Général VALENCE, Président du Collége Electoral du Département de la Marne, en présentant la Députation.

CITOYEN PREMIER CONSUL,

LE Département de la Marne a été le théâtre d'évènemens mémorables à plusieurs époques de l'Histoire de France, et ses Habitans ont souvent montré une grande énergie et un généreux dévouement.

L'Histoire rapporte, que dans le quatorzième siècle, une armée d'Anglais, forte de cent mille hommes, vint assiéger Reims; et que les Milices de la Province et les Habitans de la Ville, la forcèrent de renoncer à sa téméraire entreprise.

C'est dans les lieux où l'on chérit son pays avec le plus d'idolâtrie, CITOYEN PREMIER CONSUL, que l'on sait admirer, que l'on sait aimer avec le plus d'enthousiasme, le grand Homme qui fit cesser tous les malheurs, qui s'environne avec la Nation de tous les genres de gloire, et qui lui permet de concevoir tous les genres d'espérance.

Le Collége Electoral nous a fait l'honneur de nous choisir pour présenter le tribut de son respect, de son attachement et de sa reconnoissance à BONAPARTE Triomphateur, Pacificateur et Vengeur; qu'il daigne recevoir avec bonté l'hommage de nos sentimens; qu'il daigne être sûr qu'aucun effort ne nous coûteroit pour lui prouver que nos vœux pour le bonheur et la gloire de notre premier Magistrat, sont confondus dans nos cœurs avec nos vœux pour le bonheur et la gloire de notre Patrie.

A Madame BONAPARTE.

MADAME,

J'AI l'honneur de vous présenter la Députation du Collége Electoral.

Daignez vous rappeler quelquefois, daignez rappeler au PREMIER CONSUL les transports de joie qui ont éclaté à votre arrivée. Plusieurs Départemens ont eu, avant nous, le bonheur de vous offrir leurs vœux; mais nulle part on n'a pu éprouver pour vous plus de respect et plus d'attachement. Veuillez agréer avec bonté l'hommage de ces sentimens, dont je suis si heureux d'être l'interprête.

LE PREMIER CONSUL a répondu à ce Discours avec beaucoup de détail. On a particuliérement remarqué dans sa réponse les phrases suivantes :

» Le bon esprit du Collége Electoral, et la manière dont il entre dans les vues
» du Gouvernement, m'est prouvé par les choix qu'il a faits. . . . . . .
» C'est sur les Colléges Electoraux que repose l'association politique. . . . . «

LE PREMIER CONSUL a fait à cheval le tour de la Ville, accompagné par le Général VALENCE; il lui a fait une foule de questions, toutes tendantes au plus grand intérêt du Pays, et aux moyens de perfectionner l'Agriculture et de faire arriver plus facilement les eaux. Le Général VALENCE lui a montré les deux Rivières et la machine qui élève l'eau de la Rivière neuve. Le PREMIER CONSUL a déployé, dans cette conversation sur la science pratique de la culture des Terres, les mêmes connoissances générales et de détail qu'il manifeste sur tous les sujets que les circonstances lui permettent de traiter. Il a témoigné au Général VALENCE une grande satisfaction du zèle et de la tenue de la Garde d'honneur, tant à pied qu'à cheval; et sur sa demande, il a permis aux jeunes Citoyens qui la composent, de porter l'uniforme qu'ils ont adopté pour le recevoir.

DISCOURS du MAIRE de la Ville de Fismes.

GÉNÉRAL PREMIER CONSUL,

JADIS à chaque nouveau règne, notre Ville s'enorgueillissoit de recevoir dans ses murs le Chef suprême de l'Empire : depuis long-temps elle désiroit de contempler dans son sein le sage arbitre de l'Europe pacifiée par ses vertus et son courage. Tous ses vœux sont comblés aujourd'hui, GÉNÉRAL, puisqu'elle peut vous offrir, par mon organe, l'hommage et le tribut d'amour et de respect dus au Héros qui fait le bonheur de la France et l'admiration de l'Univers.

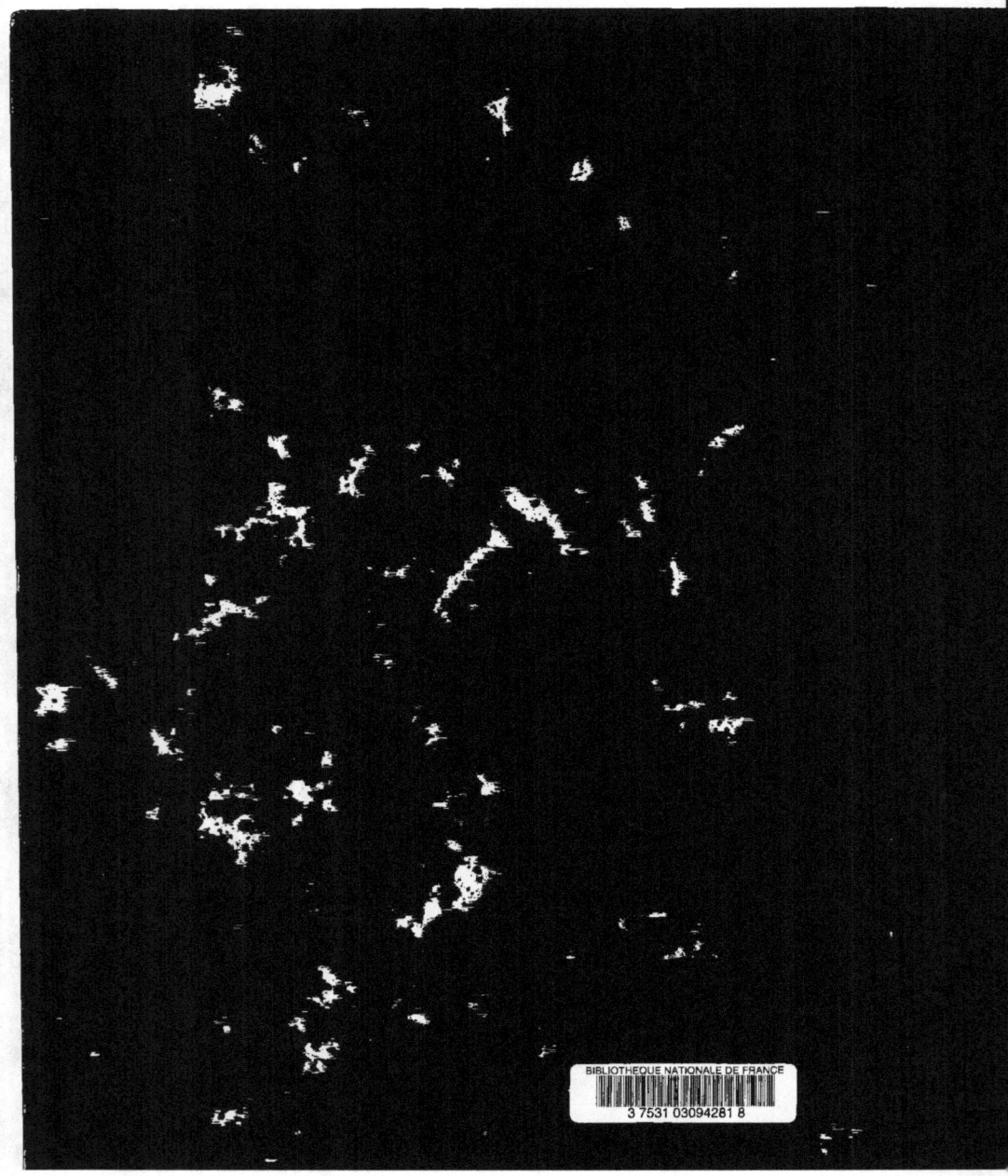

www.ingramcontent.com/pod-product-compliance
Lightning Source LLC
Chambersburg PA
CBHW060459050426
42451CB00009B/734